El mundo y la ingeniería

# Cómo se construye un
# puente

Sam Aloian
Traducido por Alberto Jiménez

Gareth Stevens
PUBLISHING

Please visit our website, www.garethstevens.com. For a free color catalog of all our high-quality books, call toll free 1-800-542-2595 or fax 1-877-542-2596.

**Cataloging-in-Publication Data**

Aloian, Sam, author.
 Cómo se construye un Puente / Sam Aloian, translated by Alberto Jiménez.
    pages cm. — (El mundo y la ingeniería)
 Includes index.
ISBN 978-1-4824-4380-6 (pbk.)
ISBN 978-1-4824-4317-2 (6 pack)
ISBN 978-1-4824-4347-9 (library binding)
1. Bridges—Design and construction—Juvenile literature. I. Title.
TG148.A56 2016
624.2—dc23

First Edition

Published in 2016 by
**Gareth Stevens Publishing**
111 East 14th Street, Suite 349
New York, NY 10003

Copyright © 2016 Gareth Stevens Publishing

Designer: Samantha DeMartin
Editor: Ryan Nagelhout
Spanish Translation: Alberto Jiménez

Photo credits: Cover, p. 1 dibrova/Shutterstock.com; caption boxes stoonn/Shutterstock.com; background Jason Winter/Shutterstock.com; p. 5 (inset) JENS SCHLUETER/DDP/Getty Images; p. 5 (main) Bloomberg/Bloomberg/Getty Images; p. 7 (right) FikMik/Shutterstock.com; p. 7 (left) K13 ART/Shutterstock.com; p. 9 Roman Sotola/Shutterstock.com; p. 11 © istockphoto.com/Grigorev Vladimir; p. 13 © istockphoto.com/mrak hr; p. 15 (truss) leungchopan/Shutterstock.com; p. 15 (cantilever) Ross Strachan/Shutterstock.com; p. 15 (suspension) Songquan Deng/Shutterstock.com; p. 17 © istockphoto.com/scotto72; p. 19 Jan Miko/Shutterstock.com; p. 20 (clamp) Brian Hendricks/Shutterstock.com; p. 20 (glue) Aksenova Natalya/Shutterstock.com; p. 20 (wood craft sticks) natrot/Shutterstock.com; p. 21 (girl) Brocreative/Shutterstock.com.

Printed in the United States of America

CPSIA compliance information: Batch #CW16GS: For further information contact Gareth Stevens, New York, New York at 1-800-542-2595.

# Contenido

**Las palabras del glosario se muestran en negrita la primera vez que aparecen en el texto.**

# De un lugar a otro

Viajar de un lugar a otro por agua no es fácil, es por eso que a menudo los puentes se construyen sobre agua. Algunos incluso se construyen sobre cosas en la tierra.

Un puente consta de un **tablero** y de los soportes que lo sostienen. Los puentes sirven para facilitar el transporte de vehículos o peatones. Algunos puentes pueden ser difíciles de construir. ¡Veamos cómo se construyen!

## Bloques de construcción

En Alemania hay un puente acuífero que contiene un canal ¡por el que navegan barcos para salvar el terreno y un río! Se trata del puente-canal de Magdeburgo, que se inauguró en el 2003 y mide 3,012 pies (918 m) de longitud.

Canal de Magdeburgo

Algunos puentes no cruzan el agua, pero permiten el paso de carreteras o vías férreas.

# ¡Que se sostenga!

Los puentes deben aguantar mucho peso y, para que duren, han de ser **flexibles** y resistentes. Al principio, la mayoría de los puentes se hacían con **materiales** sencillos, como cuerda o madera. Aunque eran flexibles, estos materiales naturales se desgastaban con rapidez.

Otros puentes antiguos fueron hechos de piedra, un material fuerte pero pesado y poco flexible, lo que impedía construir largos tableros.

## Bloques de construcción

La mayoría de los puentes actuales son de acero y concreto, materiales que permiten hacerlos más largos y resistentes.

Los **ingenieros** necesitan saber la carga (el peso) que debe soportar el puente para calcular una **estructura** que la resista.

# Cuestión de fuerzas

Hay muchas fuerzas que actúan sobre el puente. La carga hace presión debido a la **gravedad**, la fuerza que atrae los objetos hacia el centro de la Tierra, y esta presión a la vez causa la compresión, que aprieta, y la tracción, que estira, sobre los materiales que componen el puente.

Hay distintas maneras de contrarrestar estas fuerzas y, por tanto, distintos diseños: el puente de vigas, con tablero de largas vigas **horizontales**, resiste la carga mediante soportes. Algunos puentes de celosía utilizan un **armazón** de acero, en forma de triángulos, para sostener las vigas horizontales.

## Bloques de construcción

Otra clase de puente es el colgante que aguanta la carga del tablero mediante cables sujetos a altas torres.

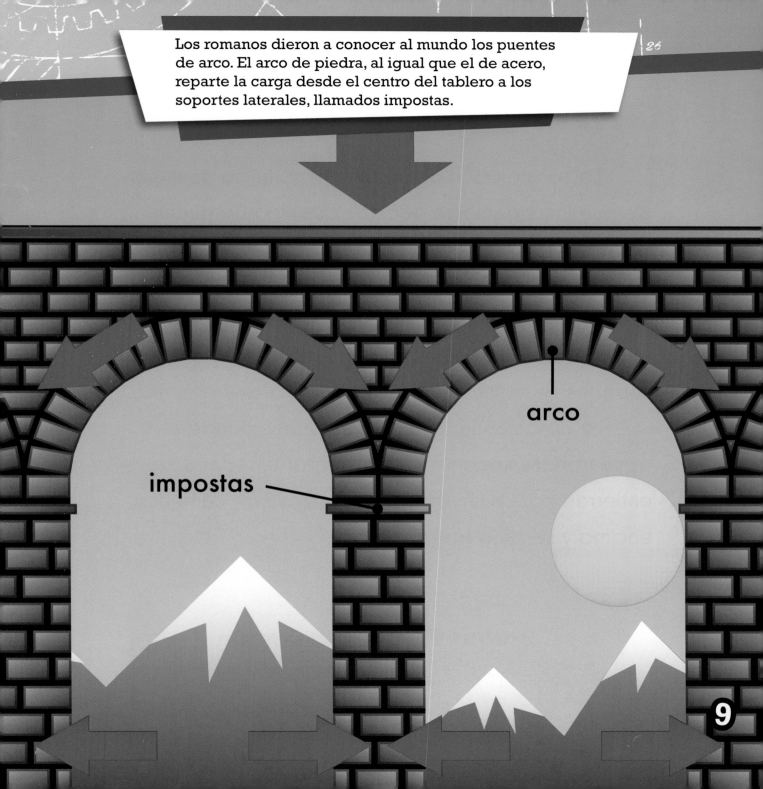

Los romanos dieron a conocer al mundo los puentes de arco. El arco de piedra, al igual que el de acero, reparte la carga desde el centro del tablero a los soportes laterales, llamados impostas.

arco

impostas

# Manos a la obra

La construcción de un puente se inicia después de que los ingenieros decidan qué tipo de puente se necesita. El más común es el de vigas; si es corto se construye con rapidez, pero si es largo, ¡puede tomar años! Los puentes más largos necesitan uno o más soportes verticales en el medio del tablero. Estos soportes se construyen primero de acero y concreto.

La obra comienza por las zapatas donde se apoyarán los soportes. Tras perforar el terreno se entierran barras de acero; luego se vierte cemento encima y se deja **fraguar**.

### Bloques de construcción

Cuando las pilas se construyen en el agua, los ingenieros deciden dónde apoyarlas tras analizar la capa rocosa sumergida. Se necesitan pilas con un fuerte soporte para resistir la carga del tablero.

Si no se pueden construir pilas en el agua, los ingenieros tendrán que diseñar otro tipo de puente.

# Cimbra

Cuando la armadura metálica de los soportes se ha cubierto de cemento y este ha fraguado, se construye un armazón **provisional** de acero y madera, llamado cimbra, para sostener las vigas y otros elementos que se añaden a la estructura.

Las vigas de acero, fabricadas en una siderurgia, se llevan por barco hasta la obra, donde enormes grúas las colocan y los obreros las unen con **pernos**.

## Bloques de construcción

En los puentes fluviales, se adosa a las pilas una pieza redonda o angular que corta en dos el agua y la reparte a los lados, reduciendo su empuje. Esta pieza se llama tajamar.

Para evitar el riesgo de accidentes durante la construcción, se colocan redes o se toman otras medidas para proteger a los obreros.

# Tipos de puentes

Hay puentes que requieren más acero que otros, porque han de soportar más carga. Es el caso de los puentes colgantes, que utilizan cables metálicos sujetos por torres, o los puentes en ménsula, que se apoyan en un solo lado y transmiten la carga a los soportes mediante vigas de celosía situadas encima y debajo del tablero.

Las piezas de los puentes de acero se insertan lentamente en los soportes según se construyen; las uniones transversales dan rigidez al conjunto. Durante la construcción de ciertos puentes hay que equilibrar el peso del acero y de la cimbra en ambos lados: ¡si no el puente se caería!

### Bloques de construcción

El puente de vigas no suele alcanzar más de 250 pies (76 metros) de longitud; cuanto más separados están sus soportes intermedios, más débil resulta.

puente en ménsula

puente colgante

puente de celosía

Algunos puentes de celosía asombran por su diseño, pero todo el acero que contienen trabaja para resistir la carga.

# Sobre el tablero

Cuando el acero estructural está en su sitio se construye el tablero por donde cruzarán vehículos y personas. Suele hacerse con largas piezas prefabricadas que son armaduras de acero cubiertas de concreto.

Al construir puentes en ménsula hay que colocar el tablero al mismo tiempo que el acero estructural, es decir, poner simultáneamente una pieza a cada lado del soporte para que la obra se mantenga equilibrada.

### Bloques de construcción

El **concreto armado** es un buen material, porque el acero contrarresta la fuerza de tracción (que estira), y el concreto la de compresión (que aprieta).

Añadir peso a cada lado de la torre la mantiene en equilibrio mientras la carga se reparte.

17

# El último paso

Las piezas de concreto se sujetan a los soportes de acero mediante pernos. Para unirlas, se aseguran con barras de acero, o se coloca un sistema de **juntas**, lo que permite la contracción (encogimiento) y la **dilatación** (expansión) del puente. Después se rellena el espacio que queda entre ellas con cemento para que la superficie quede lisa.

Una vez montado el tablero, se pintan las líneas de la calzada y las partes de acero. Tan pronto los ingenieros verifiquen su resistencia, ¡el puente estará listo!

## Bloques de construcción

La "vida útil" de un puente es el tiempo que puede cruzarse sin peligro. Cada puente es diferente. Por eso los ingenieros los revisan con frecuencia.

También se añaden pretiles (barandillas laterales) ¡para que la gente y los vehículos no se caigan!

# Haz tu propio puente de celosía

Ahora que ya sabes cómo se construyen los puentes, es hora de construir uno. ¡Esto es lo que necesitas para hacer tu propio puente!

## Materiales:

- palitos de helado
- papel y lápiz
- pegamento
- pinzas

## Pasos a seguir:

1. dibuja el diseño del puente de celosía en un papel

2. coloca los palitos siguiendo el dibujo

3. pega los palitos

4. sujétalos con pinzas mientras se secan

5. haz una segunda armazón de celosía

6. conecta y pega ambas celosías

7. añade el tablero

# Glosario

**armazón:** conjunto de piezas unidas para sostener algo.

**concreto armado:** cemento reforzado con acero.

**dilatación:** que aumenta de tamaño.

**estructura:** armadura que, sujeta al terreno, sustenta un puente u otra obra.

**flexible:** capaz de doblarse con facilidad.

**fraguar:** endurecerse el cemento.

**gravedad:** fuerza que atrae los objetos hacia el centro de la Tierra.

**horizontal:** recto de izquierda a derecha.

**ingeniero:** quien proyecta puentes u otras obras de ingeniería.

**juntas:** donde se conectan dos cosas.

**material:** aquello de lo que algo está hecho.

**perno:** pieza de hierro, larga y cilíndrica, con cabeza por un lado, que se asegura por el otro extremo con una tuerca.

**provisional:** que dura poco tiempo.

**tablero:** zona de paso de un puente.

# Para más información

## Libros

Carmichael, L. E. *Amazing Feats of Civil Engineering*. Minneapolis, MN: Essential Library, 2015.

Hoena, Blake. *Building the Golden Gate Bridge: An Interactive Engineering Adventure*. North Mankato, MN: Capstone Press, 2015.

Stefoff, Rebecca. *Building Bridges*. New York, NY: Cavendish Square Publishing, 2016.

## Sitios de Internet

### Conceptos básicos del puente

*pghbridges.com/basics.htm*

Este sitio muestra los diferentes tipos de puentes que construyen los ingenieros.

### Cinco tipos de puentes

*www.aiacincinnati.org/community/abc/curriculum/fivebridgetypes.pdf*

Aprende cómo las fuerzas de carga, tracción y compresión trabajan en cinco puentes diferentes.

# Índice